AF248080

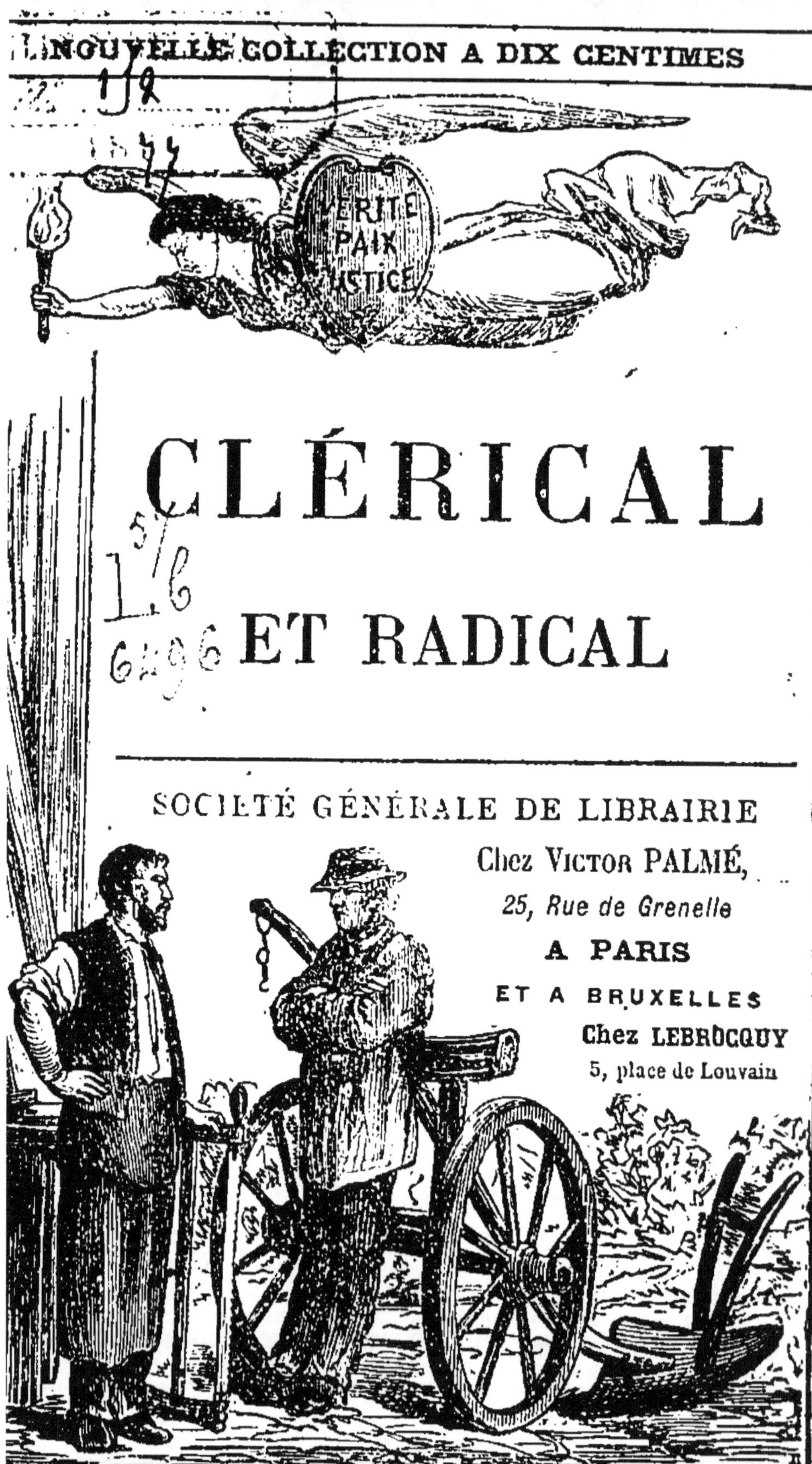

NOUVELLE COLLECTION A DIX CENTIMES
VÉRITÉ PAIX JUSTICE
CLÉRICAL
ET RADICAL
SOCIÉTÉ GÉNÉRALE DE LIBRAIRIE
Chez Victor PALMÉ,
25, Rue de Grenelle
A PARIS
ET A BRUXELLES
Chez LEBROCQUY
5, place de Louvain

CLÉRICAL ET RADICAL

I

Portraits d'un clérical & de ses ennemis.

Vous n'êtes pas sans connaître un homme plus occupé de sa famille que de lui-même, plus soucieux de faire le bien que de parler en public, et méprisant hautement toutes les réformes politiques dont les vertus sont exclues.

Cet homme respecte la religion, l'enseigne à ses enfants, prie Dieu, protége les pauvres et participe aux œuvres de charité; il ne publie pas tout le mal qu'il sait de ses semblables; il ne révèle point les hontes ni les scandales de ceux qui se sont laissé surprendre; les bons exemples lui servent pour exciter à l'émulation dans le bien, mais il ne croit pas que l'humanité s'améliore par le tableau des scandales d'autrui. Le dernier mot de sa conduite, c'est que l'homme ne devient plus heureux qu'én devenant meilleur, c'est que toute perfection s'obtient en se rapprochant de Dieu, tandis que toute imperfection nous en éloigne.

Placez maintenant en regard de cet homme, occupé, franc, sincère et loyal, un désœuvré de notre époque, un lecteur des journaux à un et à deux sous, de *la Petite République* et du *Mot d'Ordre*, puis étudiez-le comme vous avez fait du premier.

Ici la famille est une charge : on s'en débarrasse par tous les moyens possibles et sous tous les prétextes imaginables.

Un homme marié n'en veut guère ou point; un célibataire jure ses grands dieux qu'il ne se mariera jamais; l'un et l'autre s'entendent pour secouer le joug de leurs vieux parents, les reléguer dans un coin et se lancer dans les plaisirs faciles. Ils ne tarissent pas d'insultes contre la religion et les prêtres. Dieu n'est dans leur bouche qu'un mot de toutes les langues et une vieille histoire; ils ne s'inquiètent nullement de ce qu'ils sont eux-mêmes; toute leur vie se passe à faire leur fortune ou à la dépenser ; puis ils se croiront de grands citoyens pour avoir hurlé en faveur du divorce, de la liberté de l'Église et de l'État, de la république universelle, etc. Tout ce qui ne fait pas chorus avec eux ne vaut rien, tout ce qui s'élève contre eux est injuste.

Je n'ai forcé ni l'un ni l'autre de ces deux types et à dessein, car je déteste également les extrêmes : avant de chercher la vérité et le bien, j'ai fait bon marché de la folie et de la fureur. Je hais la tyrannie, quel que soit son drapeau; je ne discute pas avec les bourreaux ni avec les assassins : c'est donc entre les cléricaux de bonne pâte et les pacifiques amateurs de théories politiques nouvelles que j'établis une comparaison.

Clérical aujourd'hui veut dire : hostile au progrès, partisan des oppresseurs, ennemi du peuple et de la civilisation, aveugle de parti pris, retardataire et idiot.

C'est une injure que l'on jette à la face des sénateurs et des députés dont on ne veut plus, des généraux qui ne font pas de politique, des journalistes qui ne rêvent pas un avenir écarlate, de tous ceux enfin qui tiennent pour bons les vieux usages et pour respectables les saines traditions de famille.

Eh bien! quelque haute que soit la morgue des insulteurs et quelque tranquille que soit la vie des persécutés, je soutiens que les cléricaux, poursuivis et hués par les journaux à deux sous et les petites feuilles ignobles à meilleur marché, sont encore aujourd'hui les plus raisonnables, les plus libéraux et les plus dignes de confiance.

II

Les Cléricaux & la Liberté.

Nous réclamons depuis un siècle une somme énorme de libertés publiques et administratives: la *liberté de conscience* et la *liberté religieuse*, la *liberté de l'enseignement*, la *liberté d'association* et la *liberté de la presse :* voilà pour les premières, qu'on appelle aussi libertés de la personne et de la famille ; l'*administration de la commune par la commune, du département par le département, du pays par le pays*, sous la protection d'un gouvernement fort de son droit et de sa puissance : voilà pour les secondes.

Or il est facile de voir, en jetant un regard sur notre histoire, quels sont ceux des *cléricaux* ou des *novateurs* révolutionnaires qui nous ont donné jusqu'ici la plus grande partie des libertés que nous possédons.

Le mouvement révolutionnaire de 89 accéléra l'émancipation des serfs et des communes, mais il n'en eut pas toute la gloire : il y avait longtemps que la religion prêchait et imposait la liberté sous toutes ses formes et à toutes les tyrannies ; l'affranchissement des esclaves a été le but constant des efforts de l'Église depuis son établissement. Elle exigeait l'affranchissement des esclaves chrétiens qui voulaient se marier, elle l'imposait souvent à leur maître, elle l'achetait plus souvent encore de ses deniers : par là se trouvaient affranchies les familles et les générations qui naissaient d'elles. Le but et les efforts de la religion changent de terrain, mais non pas de nature.

La liberté de conscience et de religion tient au cœur même du catholicisme ; il ne peut se passer d'elle : dès que la conscience est forcée, la vraie religion disparaît ; dès que les pratiques du culte catholique ne sont plus volontaires, elles perdent leur vrai caractère : toute vertu de religion doit être libre.

Il en est de la morale chrétienne comme des principes universels du catholicisme : elle s'adresse aux âmes ; elle ne peut s'imposer par la force.

« Ils peuvent bien enchaîner le corps, » a dit Lamennais aux tyrans, « mais l'âme se rit d'eux : elle est libre ! »

Et vous tous qui vantez si haut la liberté, vous qui chantez par les rues que les peuples sont pour nous des frères et les tyrans des ennemis, si vous refusez aux cléricaux les priviléges qu'ils réclament au nom de leurs dogmes, de leur morale et de leur histoire, oserez-vous les accorder à ceux qui ferment les églises, défoncent les cloîtres, tuent les prêtres et votent la loi des suspects?

Aujourd'hui nous sommes assez crédules et assez aveugles pour croire aux professions de foi d'un parti de criards qui nous trompent depuis un siècle, pour attendre d'eux la liberté, pour croire à leur désintéressement et pour agir dans les circonstances les plus graves comme si notre bonheur et notre avenir dépendaient de leurs utopies. Quand donc ferons-nous justice de tous ces hommes et du parti qu'ils traînent à leur remorque?

Les peuples qui subissent le plus de révolutions sont assurément ceux qui changent le moins : ils se retrouvent après comme avant sous une dictature et un régime de terreur. La nature se perfectionne lentement et sans secousse ; les peuples obéissent à cette loi : pour devenir libres et heureux, ils ont besoin de se rattacher à des principes qui ne passent pas avec le temps. Quand ils voudront se donner la peine de réfléchir et de voir, les *cléricaux* leur en appprendront bien plus que les novateurs les plus hardis.

Vous souvenez-vous avec quels regrets on nous a octroyé la *liberté de l'enseignement* ? Il a fallu près de cinquante années de luttes et de projets pour l'obtenir : on la réclamait en 1830, elle était encore en question l'année dernière, et contre qui ? Qui a le plus combattu contre cette liberté si essentielle et si nécessaire ? qui a fait entendre le plus de récriminations et de plaintes ? Les cléricaux défendaient la liberté, leurs ennemis n'en voulaient à aucun prix.

Et pourquoi voudrait-on faire de l'éducation de la jeunesse l'affaire de l'État ? Pourquoi cet attentat contre le droit sacré de la famille et la conscience des mères, si ce n'est pour ôter au clergé toute influence sur l'éducation, pour obliger nos enfants à lire, à écrire et à chiffrer en se moquant de Dieu ?

Les *cléricaux* ont été les premiers et restent les derniers à demander que le père soit libre de mettre son enfant dans les écoles qui lui plaisent, que la mère ne soit pas obligée de livrer sa fille à des compagnes ou à des maîtresses dangereuses, que le

père et la mère soient libres de ne pas faire élever
leurs enfants dans le mépris de la famille, l'orgueil
de la vie et l'atmosphère énervante d'une jeunesse
dissolue. Que les hommes de l'avenir se plaisent
à choisir les maîtres qui dédaignent le précepte
d' « honorer son père et sa mère », cela les regarde;
qu'ils ne tiennent compte ni pour eux ni pour leurs
fils des commandements : « Luxurieux point ne
seras... ni ne désireras. Bien d'autrui ne prendras
ni ne convoiteras », c'est encore leur affaire ; mais
au moins qu'ils laissent libres de ne pas les imiter
ceux qui se respectent dans leurs enfants et qui
tiennent à être respectés par eux.

Qu'on n'accuse pas les cléricaux d'en vouloir à la
liberté, quand ce sont leurs adversaires qui combattent les lois libérales ; qu'on ne les représente
pas comme les tyrans de l'éducation, quand ils réclament le droit d'ouvrir des écoles souvent gra-
tuites et toujours libres, au seul profit de la morale
et du bonheur des pauvres.

Laissons donc une bonne fois les vains titres et
les grands mots; voyons un peu ce que nous
sommes.

Nous étions depuis quelque temps sur le chemin du radicalisme ; il n'y a pas encore de cela bien longtemps, les souvenirs en sont d'autant plus vivants qu'ils ont pris un caractère de représailles... à venir et de haine violente ; nous allions droit aux utopies, à l'asservissement de l'Église dans l'État, à l'abolition de tout contrôle sur la presse, à la transformation de la commune en comité et des conseils municipaux en clubs : avons-nous obtenu une seule vraie liberté de plus ?

Nous n'avons même plus la liberté pour les réunions inoffensives et les associations formées sous le patronage de la religion : on a prétexté qu'elles pourraient servir contre la politique envahissante du radicalisme!!!

La mesure n'était justifiée par aucun de ces faits publics qui soulèvent l'indignation : c'était donc une vraie précaution, une loi préventive et de suspects.

Et parce qu'il a été permis de remettre au jour sous tous les noms et sur tous les tons de la littérature la plus grossière la calomnie et l'outrage, le mensonge et la haine, pensez-vous que nous ayons été en route pour la pleine et entière liberté de la parole ? Dans les conditions de notre société, je ne l'admets pas, je ne la plains pas, je ne la réclame pas ; seulement je constate un fait : c'est que le radicalisme, s'accrochant à la roue de la fortune, plaide tristement sa cause en accusant le cléricalisme ; dès que monte l'influence d'un parti, fût-elle du rose timide et incertain de M. X., du rouge éclatant et criard de M. Z., ou du rouge honteux et sang-de-bœuf de la Commune, vite, elle s'exerce contre la presse, la parole et la pensée.

Les *cléricaux*, exigeant la vérité, la bonne foi et la loyauté, ne sont ni pires tyrans ni plus insupportables que leurs détracteurs.

Il y a des paroles qui blessent mortellement, et le gouvernement a le droit d'empêcher qu'elles soient lancées ; il y a de vieilles calomnies, réfutées, convaincues de haine et de mensonge, qu'il doit empêcher de reparaître dans les masses, parce que ces masses sont avides de scandales et s'inquiètent fort peu de la vérité ; il y a des sujets immondes dont le premier mot fait monter la rougeur au front et bouillonner le sang dans les veines ; il suffit pourtant de les entrevoir pour en convoiter la lecture, de les parcourir pour s'y accoutumer, et de les lire une fois pour en faire sa vie : le pouvoir s'exerce en toute justice dans la suppression des livres qui glorifient le vice et l'immoralité.

A se laisser corrompre, le peuple gagne la misère au lieu de la jouissance, l'abrutissement au lieu de la liberté : les pires fainéants et assassins sont les repus de feuilletons ignobles et de romans de bas-fonds.

Enfin, c'est une erreur de croire que la victoire de la discussion peut être gagnée sur les masses soulevées par des affirmations comme celles-ci : *La propriété, c'est le vol ; les rentiers et les bourgeois sont des fainéants ; la religion n'est qu'une comédie ; l'homme est comme la brute, etc.*

Étendez ces maximes de la morale de l'avenir sur des feuilles à un sou, vous n'aurez qu'à les montrer pour les vendre ; mais essayez de répondre à ces infamies par des raisons, vous n'avez pas de lecteurs, même en les payant.

. Alors on va devant soi, on va toujours, et la force grandit ; un jour vient où l'on se réveille au bruit des armes : les citoyens se battent au nom de la liberté, coupent les hautes têtes au nom de l'égalité, puis s'égorgent entre eux au nom de la fraternité ; la sinistre lueur des incendies remplace l'aurore de l'avenir qui devait naître.

En réprimant la licence, les *cléricaux* assurent la vraie liberté ; les exagérations, les infamies et les dangers repoussés laissent régner la paix, le progrès et le bonheur.

Voulez-vous encore vous en rapporter aux théories des cléricaux pour les libertés administratives ? Soyez bien assurés qu'ils ne vous parleront jamais de république universelle, où chacun ne possède rien et se voit forcément dépouillé de tout. Si vous avez le désir de vivre dans une pauvreté complète et volontaire, ils vous montreront des cloîtres où cette perfection se pratique et ils vous diront : Allez, *frère*, vous êtes libre : choisissez dans ce monde la part qui vous convient. Si vous aimez une famille, ils vous la laisseront ; et le prêtre, qui est des leurs, bénira votre amour et vos enfants.

Les *cléricaux* occupés de politique voudraient bien que chaque commune fût encore libre dans sa terre, que chaque province eût son autonomie, et que le gouvernement du pays fût comme l'harmonie de toutes les forces, de toutes les provinces et de toutes les communes s'aidant mutuellement dans l'infortune et se soutenant de concert en tout temps. C'est la doctrine de Jésus-Christ qu'ils adoptent et qu'ils professent : d'où vient donc qu'on les accuse de rêver la tyrannie ?...

Ici vient la grande question de l'*égalité*.

III

Les Cléricaux & l'Égalité.

Je ne connais pas un seul homme politique dont l'égalité absolue puisse faire le bonheur.

Cela se comprend. Nous ne travaillons jamais pour rien ; au fond de toutes nos entreprises, nous cherchons un intérêt qui nous touche, qui nous appartient, qui est le nôtre.

Les partisans les plus follement épris de l'idée

égalitaire n'ont pas sitôt réalisé le premier acte de leur entreprise, qu'ils s'en constituent les héros. On fait des révolutions pour abaisser les rois et réhabiliter le peuple : nous avons déjà vu bien des fois comment s'accomplit la première partie du programme ; quant à la seconde, c'est une autre affaire.

A la place d'un peuple libre, exempt de charges et de servitudes, nous avons le tableau sans cesse renouvelé d'une nation fatiguée, rançonnée, soumise à des chefs nouveaux, bien plus durs et plus autoritaires que les anciens.

Ici les faits sont indiscutables : vous ne direz pas que la *Terreur* était plus douce que la royauté ; qu'après les journées de juillet en 1830, celles de juin en 1848 et celle du 4 septembre en 1870, on ait pu mettre sa confiance dans la mansuétude et la douceur du pouvoir ; direz-vous que la Commune fut pour Paris l'aurore de l'égalité et que les premiers venus aient montré beaucoup de désintéressement ?

Chacun prit d'abord les meilleures places, laissant aux derniers venus les plus désagréables ; tant qu'il y eut fortune à faire, les hommes se trouvèrent ; une fois qu'il n'y eut plus que le travail à partager, ils se battirent, ils s'écrasèrent : on broyait les idées de révolte et on fusillait les otages.

Celui qui porte la peine doit profiter des avantages qu'elle comporte, dit un vieux proverbe, et ainsi se rétablissait autrefois l'équilibre des classes sociales.

Les hautes positions comportaient de lourdes charges, la noblesse n'allait pas sans le dévouement, l'argent ne venait qu'au travail, et chacun restant dans sa sphère y épuisait utilement son activité, ses forces et sa vie.

Je ne me fais pas illusion sur les abus qui se glissèrent dans la vieille organisation : les hommes de tous les temps sont ambitieux et avides ; mais au moins ce vieux rouage fit ses preuves, accomplit de grandes choses et en somme laissa plus de bien que de mal. On n'en saurait dire autant de nos essais égalitaires : aujourd'hui plus que jamais le pauvre peuple succombe sous la pression des riches et des grands, le paupérisme croît avec chaque révolution, la misère augmente et le bien-être qu'on promettait si grand n'apparaît jamais.

La moindre association réclame un chef, les grandes sociétés ont besoin des leurs : depuis le travailleur obscur jusqu'à celui qui gouverne, il faut des intermédiaires ; tout le monde ne doit pas être pauvre, il y aurait trop de victimes dans les temps malheureux ; tout le monde cependant ne saurait être riche, parce qu'alors il n'y aurait plus assez de travail et que la misère surgit toujours de la paresse. L'homme est né pour travailler comme l'oiseau pour voler ; mais le travail est pénible et il est bon que la nécessité l'impose.

Nous aurons retrouvé l'ordre et le bonheur au lieu d'une égalité théorique impossible à réaliser, quand le peuple tout entier acceptera le travail et le devoir.

Le travail ! mais croyez-vous donc qu'il ne soit plus qu'à la Bourse, aux affaires et dans les bureaux ? croyez-vous qu'il n'y ait plus rien à faire ni à gagner dans les champs, que tout le bonheur et le profit soit à la ville, et que l'égalité la plus désirable soit celle des tristes fonctionnaires ou employés des administrations, qui courbent le dos devant le moindre chef et dont toute la liberté se réduit à choisir entre flatter pour tâcher de parvenir ou tenir bon pour être expulsé? Ah! bonnes gens de la campagne et des villages tranquilles, que vous comptez mal quand vous sacrifiez la bonne tenue de vos terres à la gloire de posséder dans votre famille un *employé* qui mangera votre bien, mais s'appellera *Monsieur*.

Vous regardez plus haut que lui et que vous, et vous entrevoyez le grand train des belles positions; celles-là ne se donnent pas, elles se méritent et se gagnent ou bien elles se vendent ou se volent : tout cela, c'est une affaire de morale publique, et vous savez bien qu'elle change avec tous les régimes. Vous dites que tous les citoyens sont égaux, parce qu'il vous est facile maintenant d'envoyer votre fils à la ville et de l'argent après lui, parce que vous attendez pendant quinze ou vingt ans pour lui je ne sais quelle *position*, parce que vous ruinez tous vos enfants pour un seul, ruiné lui-même avant vous, n'ayant plus ni vigueur, ni santé,ni même vos illusions.

La voilà donc, cette belle égalité! vous vendez vos

champs pour un fils qui en mangera le prix et qui n'aura jamais de quoi vous assurer une heureuse vieillesse.

Ne vous plaignez pas, vous êtes égaux entre vous, pères de famille qui recevez tous les ans, d'un endroit quelconque, un fils qui vient refaire sa bourse et sa santé; vous êtes tous égaux, parce que vous n'en recevrez jamais rien et parce qu'ils sont tous misérables.

Voilà pourtant ce qu'il y a de plus beau dans l'égalité : *le chemin ouvert à toutes les places!* on oublie seulement que ce chemin est tout pavé de malheureux qui se pressent, qui n'ont ni air ni lumière, qui mangent la poussière des bureaux, qui n'ont pas de place chez eux et qui sont rebutés partout, qui attendent une augmentation pour payer leur loyer, qui vivent au mois, quand ce n'est pas au jour le jour et chez un restaurateur du dernier rang.

Je mets de côté les vices contractés, la santé perdue, les hontes ramassées, les ennuis, les souffrances, les humiliations, tout ce qui fait la vie de cette classe sans terres, sans maison, sans famille, sans avenir.

Auprès d'eux, la maîtresse remplace la femme, le foyer est une chambre garnie; leur revenu, c'est un mandat qu'on rogne de retenues et de peines disciplinaires, qu'on supprime pour une idée politique ou une affaire avec un chef.

L'égalité captieuse, pleine d'espérances et de promesses, la voilà telle que notre société l'a faite! Ceux qui se targuent d'indépendance et de liberté, l'admettent comme tous les autres; une fois engrené dans les rouages de la bureaucratie, rien ne coûte plus pour s'abaisser, on regarde même cet avenir comme une grandeur.

Si vous avez trop d'enfants, dit un *clérical*, il faut bien songer à leur assurer à tous du pain et un emploi; la société leur donne alors des places qui ne lui produisent rien, mais qui lui sont nécessaires et qu'elle paye.

Restez entouré de votre famille tant que vous pourrez : les hommes ne sont égaux que devant Dieu et l'amour paternel.

Puisque l'égalité vous est chère, restez donc chez vous.

Mais, comme la famille ne peut pas vivre seule et pour elle seule, comme nous portons en nos cœurs à côté de l'amour filial le sentiment patriotique, vivez encore de la vie de la nation dans laquelle vous êtes nés.

Trouvez-moi un sentiment analogue à l'amour filial et qui puisse faire battre à la fois tous les cœurs bien nés; trouvez-moi une solidarité qui combatte l'égoïsme, une passion noble, une inspiration élevée, un sentiment profond, énergique et dévoué, qui porte l'homme vers l'homme sans distinction de caste, l'enfant du pauvre peuple vers l'enfant du riche avec une autre espérance que celle de lui faire pitié, le noble vers le travailleur autrement que pour l'exploiter, tout ce qu'il y a d'hommes heureux, riches et contents dans un peuple, vers tous ceux qui souffrent, qui n'ont rien et qui gémissent, et alors vous aurez un état social bien meilleur que celui de l'égalité.

Non, les *cléricaux* ne parlent jamais d'une autre

égalité que celle-là, et c'est leur honneur; ils n'acceptent aucune responsabilité, nul compromis avec les théories qui peuvent amener la guerre civile, les fusillades et les incendies : vous ne leur en ferez pas un reproche, je suppose? ils acceptent le gouvernement établi, et dans leur religion on prie pour l'Etat, quel que soit son drapeau : est-ce manque de patriotisme, je le demande encore? on obéit aux lois, on respecte la légalité : est-ce un crime?

Soyons francs, avouons la cause de nos récriminations et de notre haine. La plupart des cléricaux nous font envie, parce qu'ils se respectent plus que leurs adversaires, parce que leur morale est plus élevée et plus propre à assurer le bonheur, parce qu'il y a chez eux un moyen de conserver la paix malgré tout, la paix intérieure, qui est tout l'homme et le fond même de notre bonheur : leurs adversaires ne le possèdent pas. Les cléricaux entrevoient avec certitude des espérances qui compensent les misères du présent et les appréhensions de l'avenir; ils croient que tout n'est pas fini dans la tombe et que l'homme en mourant ne fait que passer dans un monde complet en lui-même, parfait comme ne sera jamais le nôtre ; et cette foi n'est pas une sottise ni une pure invention, et c'est à la mesure de la foi qu'ils règlent l'égalité.

Ce qui doit assurer le bonheur des peuples suivant leurs maximes, c'est la solidarité des hommes entre eux, c'est la charité librement acceptée, librement pratiquée. A la misère elle donne de l'argent ; à la honte elle offre sa bienveillance. Cette égalité-là, je la comprends, je la connais ; elle est rare, mais elle existe : employons toutes nos forces à la développer, mais finissons-en avec toutes les utopies ; l'*égalité*, soutenue par la charité, réalisée par la confiance et la bonté, peut seule entrer dans nos mœurs et répondre à nos légitimes aspirations.

IV

Les Cléricaux & la Fraternité.

Chaque fois qu'il est question de charité, les catholiques répondent par des œuvres, leurs adversaires par des mots : c'est ainsi que les faiseurs de bruit et de révolutions ont mis en avant la solidarité, la fraternité, la philanthropie ; quant aux cléricaux, c'est au nom de la charité qu'ils font le bien, laissant aux autres l'honneur des grands mots et des entreprises sans résultat.

La fraternité des cléricaux se manifeste dans la prière de tous pour tous, dans les œuvres de charité, dans le respect des uns pour les autres.

La communion de prières est un devoir entre eux, comme la communauté de souvenirs et de pensées entre les amis.

Tous ceux qui souffrent et qui croient, tous ceux qui traversent de rudes épreuves et qui demandent assistance peuvent être certains que l'on prie et que l'on demande avec eux. Et si le bonheur partagé se multiplie, celui qui est heureux et qui rapporte son bonheur à Dieu peut s'applaudir en se disant que ses frères lui vouent encore leur amour. Telle est la fraternité du cœur, bien différente de l'histoire et de la vie de ceux qui acceptent l'indifférence comme le seul moyen d'être tranquille.

Au nom de la religion de Jésus-Christ et par les

efforts constants des cléricaux, la charité répand aujourd'hui les bonnes œuvres sur tous les coins du monde habité, sans distinction de castes ni d'origine ; les mansardes et les sous-sols sont visités par des bienfaiteurs dans toutes les grandes villes, à Paris, à Lyon, dans le nouveau monde comme dans l'ancien ; les îles les plus reculées de l'Océan voient venir les envoyés de la charité catholique ; l'argent et le dévouement ne lui manquent nulle part où il y a des misères à secourir.

La *fraternité* catholique, c'est la Société de Saint-Vincent-de-Paul avec ses visiteurs qui portent l'aumône de leurs frères et le bon conseil de leurs cœurs ; c'est, pendant la guerre, le dévouement des filles de charité sur les champs de bataille, et, en temps de paix, les soins gratuits dans les hôpitaux, dans les écoles, dans les réduits des pauvres ; c'était, dans des temps plus reculés, les ordres religieux de la Merci pour le rachat des captifs, donnant l'argent qu'ils avaient recueilli, se vendant eux-mêmes pour rendre à leur patrie et à leurs familles des existences plus chères que la leur : dévouements obscurs et inconnus, qui exposaient à toute une vie des plus rudes souffrances et à toute sorte de mauvais traitements qui supposent le renoncement complet à soi-même et le sacrifice de la dernière fibre égoïste du cœur.

Je ne cite que des catégories de faits ayant trait plus spécialement que les autres à la fraternité si vantée et si méconnue; je cite ceux qui donnent des effets matériels et incontestables, comme une vie rendue à la liberté, des blessures guéries, des maladies soignées, la faim, le froid, toutes sortes de souffrances chassées du foyer. Que n'aurais-je cependant pas à écrire sur ceux qui se dévouent pour propager la vérité, sur ceux qui l'enseignent pour la faire revivre dans les pays où les excès de la civilisation la tuent bien plus encore que le mensonge et l'ignorance, ou encore sur ceux qui portent la lumière dans les contrées les plus lointaines et les plus oubliées?

Mais il n'est plus possible de réveiller l'enthousiasme sur aucun de ces sujets : notre siècle est celui de la matière, nous comptons et nous calculons ce qui se mesure et se fait sentir, le reste n'est rien.

Estimez donc alors à leur valeur ceux qui combattent le paupérisme et ceux qui vous rendent les blessés des champs de bataille. Ne reniez pas les *cléricaux*, dont la cause est celle du catholicisme, et, si vous avez du cœur, ne les insultez pas.

Tant que les belles paroles ne vaudront pas les bonnes actions, tant que les promesses irréalisables ne soutiendront pas la comparaison avec les grandes entreprises réalisées, la cause du *cléricalisme*, prise et acceptée dans le sens qu'on donne maintenant à ce mot, sera toujours facile à défendre.

La fraternité des hommes et des peuples, c'est de faire aux autres ce que l'on désire pour soi. C'est le christianisme qui a proclamé cette maxime, et les *cléricaux* seuls ont des grâces d'état pour la mettre en pratique. Ils ont leur morale, leurs vertus, leurs espérances; ils rendent effective et réelle cette fraternité qu'ils nomment charité ; mais c'est par cette morale, ces vertus et ces espérances qu'ils atteignent leur but : il ne faut donc pas s'étonner si leurs adversaires n'y arrivent jamais.

On a déjà peint cent fois les mœurs fraternelles de

Caïn renouvelées et ramenées au jour par nos guerres fratricides. Chacun de nous peut refaire cette histoire avec ses propres souvenirs. Que l'on se souvienne, que l'on compare, et qu'enfin chacun tâche de se rendre compte. Il n'est pas vrai que les cléricaux soient ennemis de la liberté ; il n'est pas vrai qu'ils méconnaissent l'égalité ; il est encore moins vrai qu'ils laissent à leurs adversaires l'honneur et le privilége de pratiquer la fraternité. Les *cléri-caux* ont une définition exacte et complète de la liberté, c'est d'après leurs principes qu'on la pratique le mieux ; ils ont clairement défini la condition des hommes et leur dignité, c'est encore chez eux que l'on se respecte le plus ; que dire de la fraternité, puisque la comparaison n'est même pas possible ?

Le dernier grief relevé contre les cléricaux nous les montre comme les ennemis les plus dangereux de la paix extérieure. On se plait à dire que leur influence serait un signal de guerre et de défaites. Avant de lancer une telle calomnie, il aurait été convenable de lui tracer son chemin, de l'appuyer par des faits et de la montrer en parfaite harmonie avec des aspirations bien connues : on a compté sur un autre moyen de succès.

Aucune idée n'est plus impopulaire en France que l'idée de la guerre, toutes les classes la redoutent et la repoussent également; les mécontents et les battus d'hier le savent si bien, qu'ils voudraient se venger de leurs vainqueurs en les faisant passer pour *cléricaux* et en les chargeant des terreurs qu'inspire l'avenir. Le mensonge est évident; la fausseté de ces allégations ressort des faits les plus récents : n'importe! la calomnie se répand, elle est publiée et répétée sur tous les tons : elle réveillera de vieilles haines et portera ses fruits.

Eh bien! non, les cléricaux ne désirent pas la guerre et personne en France ne la veut. Quand ils réclament contre une injustice, ils ne demandent pas qu'elle soit vengée. Qu'elle vienne à cesser par une influence puissante et pacifique exercée de haut, tous leurs vœux seront accomplis.

Pour tous ceux qui aiment la liberté, qui ont souci du bonheur des familles et qui exercent surtout la charité, il importe qu'aucune paix ne soit troublée ni au dedans ni au dehors.

Quand les ennemis des *cléricaux* auront donné leurs preuves à la place de leurs grands mots, ils seront peut-être plus autorisés à juger : mais à présent ils s'y prennent vraiment trop tôt.

Les cléricaux ne sont ni des retardataires ni des idiots, comme on voudrait le faire entendre ; ils ont trop longtemps régné sur le monde pour n'avoir pas un peu plus d'expérience que leurs bruyants ennemis : ils savent se conduire et gouverner.

Entre tous les partis qui se partagent aujourd'hui le peuple et l'influence politique, s'il en est un dont les œuvres aient pu gagner notre confiance, en respectant la liberté, en faisant régner la fraternité et en remplaçant avantageusement l'égalité par la famille, c'est le parti *clérical*. Ceux qui croient insulter leurs adversaires en les qualifiant de ce titre, ne font preuve que d'ignorance et de haine.

Avis à ceux qui cherchent le progrès, la lumière et la paix !

FIN.

Rennes, imp. Alph. LEROY fils, 24, rue de Saint-Quentin, Paris.
Jules DENEAU, représentant.

Collection de Brochures à 25 centimes

POUR LES TEMPS ACTUELS.

La Première aux radicaux : **Les Conseillers municipaux,** par un laïque. Broch. in-18 de 64 pages.

Nobles et Paysans, ou Rapports qui devraient exister entre les châteaux et les campagnes. Brochure in-18 de 128 pages.

Seconde aux radicaux : **Les Faux Républicains,** par l'auteur de *la Première aux radicaux.* Brochure in-18 de 64 pages.

Nos Réformateurs libres penseurs, par ERNEST CARON, instituteur laïque et libre à Paris. Brochure in-18 de 128 pages.

Le Peuple et ses Représentants, par un homme du peuple. Brochure in-18 de 64 pages.

Une Solution de la question ouvrière, par GUÉNEBAULT. Brochure in-18 de 64 pages.

L'Internationale. — Son origine, — ses doctrines, — son but, — son organisation, — ses ressources, — par A. PETIT-BARMON, rédacteur en chef du *Poitou.* Brochure in-18 de 64 pages.

Plaies sociales, par G. D'ALBRAYS. Brochure in-18 de 64 pages.

Qu'est-ce qu'un clérical? Lettre à un libre penseur, par LOUIS VALDER. Broch. in-12 de 36 pages.

Par unités, *franco* par poste à domicile. Prix : 25 cent. Par douzaine, on en donne 15 pour 12. — Par cent, 150 pour cent.

BIBLIOTHÈQUE POPULAIRE

A DIX CENTIMES :

Lettres de Jacques Bonhomme sur les choses du jour. 4 brochures in-18 de 36 pages.

I. *Le Coup de balai du Maréchal.*
II. *Le Dimanche. — Les Cléricaux. — Les Promesses impossibles. — Où se trouve le bonheur?*
III. *Les Journaux. — La Dîme. — Le Cabaret.*
IV. *Le Syllabus et les Droits de l'homme.*

La Dîme, la Corvée & le Joug, par un ami du peuple. Brochure in-18 de 36 pages.

Nos Soldats, par le général AMBERT. Brochure de 36 pages.

Les Ignorantins, par un disciple de l'enseignement obligatoire. Brochure in-18 de 36 pages.

Opinion de M. de Bismarck sur les affaires de France, in-18 de 36 pages.

Clérical & Radical. Brochure in-18 de 36 pages.

102

www.ingramcontent.com/pod-product-compliance
Lightning Source LLC
Chambersburg PA
CBHW051242070726
47594CB00013B/2398